DE LA
RESPONSABILITÉ NOTARIALE

EN MATIÈRE DE

PLACEMENTS HYPOTHÉCAIRES

ET PAR BILLETS

FAITS PAR L'INTERMÉDIAIRE DU NOTAIRE

—

DISCOURS

Prononcé le 20 novembre 1877, à l'Assemblée générale
des Notaires de l'arrondissement de Toulon.

PAR

Mᵉ GRISOLLE

Notaire à Cuers

— ◦◦❈◦◦ —

TOULON

TYPOGRAPHIE ET LITHOGRAPHIE MICHEL MASSONE
Boulevard de Strasbourg, 56.

—

1880

DE LA

RESPONSABILITÉ NOTARIALE

EN MATIÈRE DE

PLACEMENTS HYPOTHÉCAIRES ET PAR BILLETS

Faits par l'intermédiaire du Notaire

DE LA

RESPONSABILITÉ NOTARIALE

EN MATIÈRE DE

PLACEMENTS HYPOTHÉCAIRES

ET PAR BILLETS

FAITS PAR L'INTERMÉDIAIRE DU NOTAIRE

———

DISCOURS

*Prononcé le 20 novembre 1877, à l'Assemblée générale
des Notaires de l'arrondissement de Toulon*

PAR

Me GRISOLLE

Notaire à Cuers

—◦—◆◈◆—◦—

TOULON

TYPOGRAPHIE ET LITHOGRAPHIE MICHEL MASSONE
Boulevard de Strasbourg, 56.

—

1880

Monsieur le Président,

Messieurs et chers Collègues,

*La Chambre m'a désigné pour vous présenter
le rapport prescrit par l'article 45 du règlement
que nous avons adopté l'année dernière. Ce
choix m'honore et j'en remercie mes collègues,
mais je souhaite qu'ils n'aient pas à regretter
de m'avoir confié cette tâche. Il eût été préféra-
ble, ce me semble, que la rédaction du rapport
fût confiée, pour la première fois au moins, à
un notaire qui, avec l'autorité que donnent
l'ancienneté et la science, nous eût montré la
route à suivre et indiqué de quelle manière
un rapport de ce genre doit être rédigé.*

J'ai à traiter, vous le savez, De la responsabilité notariale en matière de placements
hypothécaires et par billets faits par l'intermédiaire du notaire.

Réduit à mes propres inspirations, aux prises avec un sujet qui a servi de matière à de nombreux travaux, j'ai cru que le mieux était de consulter la jurisprudence et de vous exposer ses décisions. C'est à elle que j'ai donné la plus grande place dans mon travail : mes appréciations seront moins étendues. J'aurais bien préféré le contraire mais je n'ai pas osé. Je vous présente donc un simple rapport auquel j'ai donné tous mes soins. Puisse-t-il mériter vos suffrages !

DE LA RESPONSABILITÉ

En matière de Placements hypothécaires

———

Messieurs,

Lorsqu'un accord quelconque est formé entre deux ou plusieurs personnes il est de règle, aujourd'hui, de le constater par écrit. La preuve testimoniale, seule en usage pendant la période de formation des sociétés antiques, n'est plus admise de nos jours, du moins en principe. Toute manifestation de la volonté de l'homme formant un contrat, synallagmatique ou unilatéral, doit être constatée par l'écriture : notre état social l'exige, le législateur l'a prescrit.

La rédaction de l'écrit qui établira l'existence du contrat n'est pas soumise à une règle unique : tantôt les parties elles-mêmes peuvent y procéder et l'apposition de leurs signatures précédée, s'il y a lieu, de l'approbation, suffit à la validité de l'acte ; tantôt elles doivent

s'adresser à un fonctionnaire spécialement ins-
titué à cet effet, le notaire, qui donnera à l'acte
un caractère particulier, l'authenticité.

Cette différence de formes a pour cause
l'importance réelle, c'est-à-dire l'objet, la nature même des contrats. Les uns, que la loi
considère comme peu importants, — à tort
peut-être dans certains cas, — sont abandon-
nés aux parties : pour les autres le ministère
du notaire est prescrit à peine de nullité.

Parmi ces derniers, l'article 2127 du Code
civil a placé la constitution d'hypothèque. La
loi en mettant ainsi en évidence cette convention la désigne à l'attention générale et spécialement à l'attention de ceux qui sont chargés
d'en constater l'existence, aux notaires.

Nous devons être, en toute circonstance, pru-
dents et circonspects ; cette obligation devient
plus étroite encore lorsque le législateur a pris
soin, par une attribution spéciale, de signaler
un objet à notre attention. Nous devons donc
plus que jamais tous nos soins, tout notre zèle,
toutes nos lumières à ceux qui s'adressent à
nous pour un contrat hypothécaire et si, par
malheur, un dommage vient à s'en suivre,
notre situation exceptionnelle, notre qualité
de notaire entraînent forcément pour nous

l'application des articles 1382 et 1383 du Code civil (1).

Le principe consacré par ces deux articles est, selon moi, la véritable cause de la responsabilité qui incombe au notaire en matière de placement et dans presque tous les autres cas.

On assigne pourtant une cause à la responsabilité, c'est celle qui proviendrait du mandat ou de la gestion d'affaires. Le notaire, dit-on, n'est pas seulement le conseil des parties, il est encore, pour la réalisation d'un prêt, leur représentant, leur intermédiaire, leur *negotiorum gestor* : il agit, en un mot, comme un véritable mandataire. On a confié des fonds à un notaire pour en opérer le placement : l'emploi indiqué est effectué ; il y a eu mandat donné et exécuté. Ce mandat n'est pas écrit, sans doute, et l'on pourrait alléguer qu'il n'existe pas, que, par conséquent, il ne saurait y avoir de responsabilité pour le prétendu

---

(1) 1382. Tout fait quelconque de l'homme, qui cause à autrui un dommage, oblige celui, par la faute duquel il est arrivé, à le réparer.

1383. Chacun est responsable du dommage qu'il a causé, non-seulement par son fait, mais encore par sa négligence ou par son imprudence.

mandataire : mais la jurisprudence admet facilement qu'il y a là un mandat tacite dont les juges du fait peuvent reconnaître l'existence.

J'ai dû vous signaler cette appréciation que je ne partage pas et sur laquelle je me réserve de vous faire connaître ma pensée.

La responsabilité notariale procéderait donc de deux causes parfaitement distinctes en théorie : le fait dommageable et la mauvaise exécution du mandat. Je vous ferai remarquer dès maintenant qu'elles se trouvent souvent confondues dans les décisions judiciaires que je vous citerai, preuve évidente qu'il est assez difficile, dans la pratique, de les analyser. Je suivrai la pratique et j'examinerai les faits de nature diverse qui peuvent rendre le notaire responsable.

Ces faits se divisent d'eux-mêmes en trois groupes bien distincts : ils précèdent l'acte constitutif d'hypothèque, l'accompagnent ou le suivent; nous avons, en effet, la *négociation* du placement hypothécaire, la *rédaction* de l'acte qui le constate et les *formalités* qui en assurent et conservent la garantie.

NÉGOCIATION.

Il n'y a pas de placement hypothécaire sans négociation préalable : quelquefois les parties y procèdent elles-mêmes, en général elle est l'œuvre du notaire.

Il est facile de comprendre que lorsque le notaire a été le négociateur du prêt sa responsabilité est nécessairement engagée : son action personnelle est, avant tout, une espèce du « fait quelconque » prévu par l'article 1382, elle oblige à réparation en cas de dommage.

Ainsi un notaire qui a incité et engagé son client dans un placement dépourvu de garanties hypothécaires suffisantes, sans lui révéler complétement cette insuffisance connue de lui, doit être déclaré responsable du dommage causé par son dol et sa faute. — *Cass. 29 déc. 1847. D. P. 48, 1, 55.*

Un manque de soins, un défaut d'attention qui ont occasionné une erreur préjudiciable au prêteur, tout en laissant intactes la délicatesse et la probité du notaire, le rendent pourtant responsable de la totalité du préjudice éprouvé lorsqu'il est constaté qu'il était l'homme d'affaires habituel, le notaire exclusif, le *negotiorum gestor* de la partie lésée ; peu

- importe que celle-ci ait comparu dans l'acte si sa comparution pour signer ne l'a nullement rendue habile à connaître l'emprunteur, ni sa situation financière, ni sa situation hypothécaire, ni la valeur de ses biens, ni les priviléges qui les grevaient.... toutes circonstances que comprenait, que pouvait, que devait comprendre le notaire. — *Toulouse, 8 février. 1861. D. P. 61, 2, 110.*

Le notaire qui sert non seulement de rédacteur mais encore d'intermédiaire pour la conclusion d'un prêt hypothécaire, doit prendre toutes les précautions que la prudence exige et, avant tout, examiner scrupuleusement les titres de propriété et s'assurer de l'état des immeubles hypothéqués ; s'il néglige de prendre pareilles garanties il commet une faute grave qui engage sa responsabilité bien qu'il ait été de bonne foi, et l'oblige à réparer le préjudice qu'il a causé. Bien plus, le défaut de collocation utile sur l'immeuble hypothéqué est équivalente à la perte du gage et, par suite, le notaire doit être condamné au paiement intégral et immédiat de la somme prêtée sans attendre le règlement définitif des contestations relatives à la répartition du prix de l'immeuble hypothéqué. — *Orléans, 8 janvier*

1870. *D. P. 71, 2, 68. — Cass. 4 mars 1873.
D. P. 73, 1, 56. — J. N. 20225, 20856.*

La cour de Caen a décidé, au contraire,
que le notaire qui a négocié un prêt n'est responsable que de sa faute et qu'il n'y a faute
que par rapport à la fraction du capital prêté,
dont le recouvrement ne peut être obtenu ; par
suite il ne prend pas la place du débiteur qui
ne rembourse pas à l'échéance parce que tout
prêt hypothécaire contient l'éventualité d'une
expropriation forcée et d'un état d'ordre, et
par celà même celle de retards dans le paiement
du principal et des intérêts ; le prêteur qui a
dû prévoir ces éventualités n'est pas fondé à
exiger que le notaire lui fasse l'avance des
sommes pour lesquelles il devra être colloqué,
— *Caen, 8 mars 1875, J. N. 21245.*

La réparation du préjudice causé par un
notaire qui engage imprudemment un client
illettré dans un mauvais placement peut con-
sister non seulement dans le paiement de la
somme prêtée et des intérêts mais encore en
des dommages intérêts pour dérangements et
frais de toute espèce. — *Nîmes, 16 août 1870.
D. P. 72, 4, 331.*

Le montant de la condamnation peut comprendre non seulement la partie du capital

due par l'emprunteur mais encore les intérêts non payés par lui. — *Cass. 8 décembre 1874, D. P. 75, 1, 312.*

Toutefois la responsabilité à laquelle le notaire est soumis doit être entendue et appliquée dans une juste mesure ; s'il est vrai que le notaire qui a procuré à une personne peu versée dans les affaires un emprunteur avec lequel il a seul débattu les conditions et les garanties de l'emprunt, peut avoir engagé sa responsabilité par les fautes qu'il a commises dans cette négociation, les événements qui ont suivi la réalisation de l'emprunt et qui ont diminué la valeur du gage, et notamment les désastres militaires et les événements politiques doivent être pris en considération : de sorte que pour juger si une faute a été commise dans l'appréciation de la valeur des immeubles il est nécessaire de connaitre la valeur de ces immeubles au moment de l'emprunt. — *Bordeaux, 13 juillet 1874. D. P. 75, 2, 197. — Cass. 28 avril 1875. D. P. 76, 1, 223.*

Mais si, dès l'origine, à l'époque du prêt, les immeubles hypothéqués n'étaient pas d'une valeur suffisante pour garantir la restitution du capital prêté et de ses accessoires, ce qui peut être démontré par une expertise, une

acquisition ou une expropriation, le notaire
ne peut plus alléguer la dépréciation des immeubles et sa responsabilité, indépendamment d'autres circonstances, peut être étendue
à toute la somme non remboursée. — *Cass.
13 août 1874. D. P. 75, 1, 55.*

Un jugement remarquable du tribunal civil
de Soissons, du 13 mai 1857, confirmé par la
cour d'Amiens, le 24 novembre suivant et par
la cour de cassation, chambre des requêtes,
le 23 août 1858, — *D. P. 58, 1, 375,* —
détermine très nettement le devoir et les obligations du notaire en matière de placements :
il établit, entre autres points, que leur responsabilité est engagée lorsqu'il est constaté
que, par une faute personnelle dont l'appréciation appartient au pouvoir discrétionnaire
des tribunaux, ils ont causé un préjudice à
l'une des parties, et ce, en l'absence de tout
mandat spécial.

Les décisions judiciaires que je viens de
citer sont rigoureuses : elles peuvent, dans
certains cas, paraître excessives ; mais il a été
reconnu aussi que s'il est juste de rendre les
notaires responsables quand ils trahissent la
confiance des parties, en compromettant par
légéreté les intérêts qui leur sont confiés, il

est bon pourtant, suivant les expressions de Troplong *(Du mandat, n° 26)*, de ne pas pousser cette responsabilité à l'excès, pour ne pas environner de trop de périls des fonctions déjà si délicates et si difficiles.

Il ne suffit pas, dit un arrêt de la cour de Lyon, du 3 juillet 1868, — *D. P. 68, 2, 229,* — pour rendre un notaire responsable des suites d'un placement, de prouver qu'il l'a indiqué et même négocié : il faut établir, ou qu'il a donné sa garantie personnelle comme caution de l'emprunteur, ou qu'il a commis une faute dans la négociation. Le notaire de bonne foi n'est responsable que des fautes qui résultent d'une erreur inexcusable provenant, soit de son impéritie, soit d'une négligence ou d'une imprudence appréciable, bien qu'il ait perçu outre ses honoraires une commission sur le montant du prêt, alors surtout que le prêteur n'était pas un homme illettré, étranger à la connaissance des affaires et ayant agi sous l'empire d'une entière confiance dans le notaire sans avoir rien pu apprécier par lui même.

Il résulte implicitement de cet arrêt, que le cautionnement donné par un notaire, d'un prêt fait par son intermédiaire, au mépris de l'article 12 § 6 de l'ordonnance du 4 janvier

1843, n'est pas entaché de nullité, et que sa seule conséquence est d'entraîner une peine disciplinaire contre le notaire contrevenant.

Le notaire qui a constaté un prêt négocié par une personne expérimentée en affaires, sans s'être immiscé dans la négociation, n'est pas responsable des suites de ce prêt, alors même qu'il s'est dessaisi des fonds en sa possession sur le vu de l'inscription d'une cession d'antériorité au profit de l'emprunteur qui a été déclarée nulle. — *Cass. 6 juillet 1870, D. P. 71, 1, 145.*

Lorsqu'un notaire a proposé un acte de prêt dont il s'est constitué lui-même le négociateur, il n'est responsable qu'autant qu'il est justifié qu'il s'est rendu coupable d'une faute grave ; il n'y a pas faute de cette nature pour avoir fait la proposition et dressé l'acte de cession d'une créance reconnue depuis inexistante, mais dont un acte antérieur constatait l'existence et le caractère privilégié. — *Besançon, 26 mars 1870. D. P. 72, 2, 127.*

Il arrive parfois que, sur une demande d'emprunt, le notaire sachant d'avance que telle personne a des fonds à placer, lui présente un emprunteur, et sert d'intermédiaire pour mettre en rapport les deux parties ; cel-

les-ci s'entendent, l'affaire est conclue et l'acte
signé. Dans ce cas, le notaire ne peut être déclaré responsable du déficit éprouvé par le
prêteur sur le prix d'adjudication du bien hypothéqué à sa garantie ; le prêteur qui s'est
rendu sur les lieux, a examiné le bien, a débattu les conditions du prêt avec l'emprunteur
et a agi en pleine connaissance de cause, ne
peut s'en prendre qu'à lui-même, de l'insuffisance du gage. L'offre, par le notaire, de son
concours pour la vente de l'immeuble ne peut
être considérée comme l'aveu d'une faute qu'il
n'a pas commise. — *Rouen, 25 janvier 1876.
J. N. 21504.*

Les causes qui ont entraîné la responsabilité des notaires, dans les différents cas que
j'ai cités, sont en général la négligence et la
faute : parfois aussi le notaire est considéré
comme gérant d'affaires ou mandataire tacite ;
enfin, et je vais en fournir quelques exemples,
le notaire a été assimilé à un véritable mandataire. Je reviendrai sur ces causes de responsabilité ; pour le moment je continue l'examen de la jurisprudence.

Un arrêt de la cour de Grenoble, — *24 mars
1874. D. P. 75, 2, 198,* — admet purement et
simplement l'existence du mandat ; il n'expli-

que pas quelles sont les circonstances qui lui ont donné naissance, il le constate comme un fait. Ce mandat a paru tellement bien établi qu'il a été décidé que le notaire répond non seulement de sa faute mais de celle du mandataire qu'il s'est substitué, — un autre notaire dans l'espèce.

La preuve du mandat peut résulter de circonstances diverses et il n'y a pas motif de cassation lorsque les juges du fait, sans qu'il y eût mandat écrit, ont décidé que le notaire qui est chargé d'un placement de fonds pour le compte d'un client illettré et qui a touché une commission sur la somme prêtée, devient un mandataire salarié, responsable de la faute qu'il a commise dans l'exercice du mandat. — *Cass. 13 août 1874. D. P. 75, 1, 55.*

La négociation elle-même a été considérée comme preuve du mandat et il a été jugé que le notaire par l'entremise duquel se négocie un prêt hypothécaire devient un mandataire responsable de ses fautes.

Enfin il suffit que le jugement qui admet l'existence d'un mandat tacite se base sur des documents constituant un commencement de preuve par écrit et sur des faits d'où résultent des présomptions graves, précises et concordantes, sans qu'il soit nécessaire de rappeler les principes et les textes qui rendent admissible en droit la preuve admise en fait. — *Cass. 2 août 1875. D. P. 76, 1, 261. — Dans le même sens, Alger 6 juillet 1866. J. N. 18638.*

RÉDACTION

Nous venons de voir, dans l'examen des faits qui se rattachent à la négociation d'un prêt, que la jurisprudence admet diverses causes de responsabilité : ici nous n'en trouvons guère qu'une seule, la faute, qui entraine l'application de l'article 1382.

En quoi consiste la faute ? C'est ce qu'il est assez difficile de préciser. Tout dépend des circonstances. Ainsi l'on dira que les fonctions des notaires ne peuvent se réduire à un rôle purement passif et qu'elles leur imposent le devoir d'éclairer les parties sur les conséquences des actes passés devant eux. Cela est parfaitement exact en théorie, mais en pratique quelle sera l'étendue de cette obligation, quels seront les caractères distinctifs de la faute, où fixera-t-on le point de départ de la responsabilité ?

Le devoir d'éclairer les parties sera-t-il le

même dans tous les cas ? Je ne le pense pas :
j'estime, au contraire, que leur qualité, leur
état d'instruction, leurs rapports avec le notaire, l'existence ou l'absence de négociation
préalable doivent être pris en considération. Il
faudra donc, pour apprécier s'il y a faute, tenir
compte soigneusement de toutes les circonstances qui environnent le fait dont il s'agit
d'établir le caractère et de déterminer les
conséquences.

Voyons par l'examen de quelques cas ce qui,
pour la jurisprudence, constitue la faute.

Un homme illettré, sans connaissance aucune des affaires et de la portée des actes, a
négocié un prêt et s'adresse à son notaire
habituel pour le faire constater : celui-ci in-
dique dans l'acte qu'il n'a été que le rédacteur
des conventions des parties; l'inscription est
prise par l'avoué du prêteur qui élit domicile
en son étude. Les biens donnés en garantie
provenaient d'une donation : les parties ont
fourni elles-mêmes un état hypothécaire contre l'emprunteur seul. Dans la suite il fut reconnu que l'hypothèque était nulle à cause
du défaut de transcription de l'acte de donation et la créance fut perdue. Le notaire fut
déclaré responsable parce qu'il avait commis

une faute en négligeant de s'assurer de la transcription de la donation et il dut rembourser au prêteur la totalité de sa créance. — *Paris, 27 août 1852. D. P. 54, 2, 73.*

Le notaire qui a omis de donner connaissance au prêteur des inscriptions grevant l'immeuble hypothéqué, alors qu'elles lui eussent été révélées par la seule vérification qu'il a négligé de faire ou qu'il n'a faite que partiellement, d'actes antérieurs passés dans son étude pour l'emprunteur, peut, même en l'absence de tout mandat spécial de s'assurer de la validité du gage hypothécaire offert au prêteur, être déclaré responsable envers celui-ci du préjudice que les inscriptions demeurées inconnues lui ont fait subir en le privant d'une collocation utile sur le prix de vente du bien affecté à son hypothèque. — *Cass. 3 août 1858. D. P. 58, 1, 374.*

Il a été décidé également que le notaire qui reçoit un acte constitutif d'hypothèque sur un immeuble qu'il sait n'être plus la propriété du débiteur commet une faute lourde qui engage sa responsabilité. — *Cass. 16 août 1865. D. P. 66, 1, 11.*

Ainsi donc, voilà qui est bien établi : le notaire simple rédacteur de l'acte est stricte-

ment tenu de faire toutes les vérifications
nécessaires, de s'assurer de la validité de l'hypothèque, absolument comme s'il avait lui-
même négocié le prêt. Je comprends encore
qu'il soit obligé de révéler ce qui est à sa
connaissance, c'est là une simple question de
bonne foi et l'on ne saurait défendre jusqu'à
ce point la passivité du notaire. Mais de là à
décider d'une façon absolue et formelle que le
rédacteur de l'acte qu'on lui confie est soumis,
en somme, aux mêmes obligations que le négociateur du prêt, il me semble qu'il y a loin
et que la jurisprudence que je viens de citer
est quelque peu rigoureuse. Certes je ne veux
pas dire que nous ne sommes que les instru-
ments aveugles de nos clients: loin de moi
cette pensée ; mais il est permis de croire qu'il
y a une différence entre le notaire qui a négocié un prêt et celui qui lui donne seulement
la forme authentique, et que l'un et l'autre
ne sont pas responsables au même degré.
Cependant il eût été impossible de traiter plus
rigoureusement les notaires qui étaient en
cause dans les deux premières espèces que j'ai
relatées s'ils avaient eux-mêmes négocié les
emprunts qu'ils ont été chargés de constater.

Il faut reconnaitre, au reste, que l'on ne

rencontre pas toujours la même rigueur. Il résulte d'un arrêt de la cour de Paris, — *2 mai
1860. D. P. 61, 2, 65,* — que le notaire qui a
proposé un placement hypothécaire à un de
ses clients et qui ne l'a point averti que les
biens affectés à son hypothèque étaient advenus
à l'emprunteur par une donation non trans-
crite est responsable envers ce client du préjudice que peut lui occasionner la disparition
de son gage. Toutefois il n'encourt aucune
responsabilité s'il n'a été que le rédacteur
passif de conventions qui auraient été arrêtées
d'avance entre les parties.

La nullité d'une constitution d'hypothèque
pour désignation insuffisante des biens hypothéqués n'entraîne pas la responsabilité du
notaire lorsqu'il a été déclaré par les juges du
fait, dont les constatations sont souveraines
sur ce point, qu'il a agi de bonne foi, qu'il s'est
borné à reproduire les indications des parties
et qu'il a d'ailleurs suivi, dans l'interprétation
de la loi, une erreur commune. Il s'agissait,
dans l'espèce, de l'affectation en bloc de tous
les immeubles situés dans une commune; il
y avait au moment de l'acte, en 1834, contro-
verse sur la validité d'une affectation ainsi
faite. — *Cass. 16 avril 1869. D. P. 71, 1, 147.*

Il n'y a pas fraude et, par conséquent, pas
de responsabilité engagée lorsqu'un non-com-
merçant en déconfiture, ayant convoqué tous
ses créanciers dans le but d'arriver à un ar-
rangement qui aurait pour base une égalité
complète, concède à un certain nombre d'entre
eux une hyothèque que le notaire fait inscrire
immédiatement à l'effet de paralyser l'hypothèque judiciaire que deux autres créanciers,
prévenus également, venaient d'obtenir au
moyen d'une vérification d'écriture. — *Cass.*
3 mars 1869. D. P. 69, 1, 201.

Une considération fort juste et fort natu-
relle domine tous ces arrêts : la faute résulte
des circonstances et c'est aux tribunaux seuls
qu'appartient le droit d'apprécier les faits qui
peuvent la constituer.

Il est une autre espèce de faute qui rend
également le notaire responsable des conséquences fâcheuses de l'acte rédigé par lui,
c'est celle qu'il peut commettre soit en s'écar-
tant des prescriptions de l'article 1108 du
Code civil (1) sur les conditions essentielles

---

(1) 1108. Quatre conditions sont essentielles pour la validité
d'une convention : le consentement de la partie qui s'oblige;
sa capacité de contracter; un objet certain qui forme la matière de l'engagement; une cause licite dans l'obligation.

pour la validité des conventions, soit en contrevenant à la loi du 25 ventôse an XI ou à n'importe quelle autre loi. Cette cause de responsabilité étant commune à tous les actes notariés, je me contente de la signaler sans commentaire et je m'abstiens d'énumérer les cas de nullité résultant de l'inobservation des prescriptions légales.

Pourtant je ne passerai pas sous silence un fait assez fréquent dans la pratique et dont la jurisprudence a dû s'occuper plusieurs fois : c'est le cas où le prêteur ne comparaît pas dans l'acte ni personne pour lui ; la nullité dépendra des circonstances et du rôle que le notaire se sera attribué. S'il est intervenu au contrat pour représenter le prêteur, stipuler en son nom, fixer les conditions du prêt, il a cessé d'être notaire pour devenir partie, l'acte sera nul et l'hypothèque sans valeur. L'article 68 de la loi de ventôse devra lui être appliqué.

Si au contraire la constitution d'hypothèque n'a été qu'un contrat unilatéral, ce qui peut parfaitement arriver, l'acte qui la constate sera valable et devra produire tout son effet : le notaire pourra sans danger le recevoir.

FORMALITÉS.

L'efficacité de la garantie hypothécaire et la surveillance ou l'emploi des fonds qui ont fait l'objet du placement sont la conséquence du prêt.

Garantie. — Il y a toujours lieu d'assurer la garantie du placement : la formalité à l'aide de laquelle on l'obtient, inscription, subrogation, est une formalité nécessaire qui s'applique à toutes les espèces, tandis que ce qui est relatif à l'emploi des fonds constitue un ensemble de faits purement contingents et qui varient d'une espèce à l'autre.

Parmi les formalités nécessaires l'inscription est la première et la principale de toutes. Complément du placement hypothécaire, c'est d'elle que dépend le sort de la somme prêtée ; elle aura donc une large place parmi les causes de la responsabilité notariale.

Mais d'abord le notaire doit-il lui-même faire inscrire ?

En principe non. La loi du 25 ventôse an XI ni aucune autre loi n'imposent au notaire qui a reçu un acte de son ministère l'obligation de remplir les formalités destinées à en assurer l'exécution. La jurisprudence, après quelques variations, est définitivement fixée dans ce sens. — *Cass. 14 juillet 1847. D. P. 47, 1, 350.* — *Cass. 30 juin 1852. J. N. 14720.* — *Cass. 14 février 1855. D. P. 55, 1, 170.*

Par conséquent, l'omission de l'inscription n'entraine pour le notaire aucune responsabilité.

Pourtant il est permis d'ajouter, ce me semble, que le devoir du notaire dépendra beaucoup des circonstances. Si, par exemple, il a négocié le prêt, si une personne ignorante des affaires l'a chargé de lui procurer un placement hypothécaire ou simplement lui a demandé la constatation d'un prêt négocié par elle-même, je verrai là un mandat dont l'acte même est un commencement de preuve par écrit. En effet, dans le premier cas le notaire a promis une hypothèque, on la lui a demandée dans les deux autres : l'acte fait en conséquence démontre, à mon avis, qu'il a accepté le mandat de la procurer; toutefois je ne vois dans l'acte qu'un commencement de preuve et non une preuve complète; il faudra nécessairement prouver en outre l'existence des conditions dans lesquelles le notaire était placé vis-à-vis de son client : celles que j'ai indiquées, par exemple, ou d'autres analogues.

La jurisprudence, tout en admettant que le notaire n'est pas tenu de remplir les formalités extrinsèques, reconnaît pourtant que les circonstances peuvent faire naître pour lui cette obligation. — *Cass. 14 février 1855. D. P. 55, 1, 171. — Cass. 22 août 1864. D. P. 65, 1, 63.*

Les termes même de l'acte peuvent servir de point d'appui à la présomption de l'existence du mandat. — *Cass. 4 mai 1874. D. P. 74, 1, 489.*

Il ne faut pas oublier que la tardiveté de l'inscription peut être considérée comme une preuve du mandat confié au notaire.

Ce qui est vrai pour l'inscription l'est aussi pour le renouvellement. Le notaire n'est pas tenu de renouveler l'inscription prise pour la garantie d'un prêt fait par un acte en ses minutes, mais les tribunaux ont le droit d'apprécier, d'après les circonstances, si le caractère et l'étendue du mandat conféré au notaire comportent l'obligation de remplir cette formalité. Une rigoureuse application de ce principe a fait peser sur un notaire la responsabilité du défaut de renouvellement d'une inscription bien que les pièces eussent déjà

été remises à un avoué pour exercer des pour-
suites ; il a été jugé que cette remise avait pu
ne pas mettre fin au mandat du notaire. —
Cass. 15 décembre 1874. D. P. 75. 1, 453.

Il arrive souvent que le notaire rédacteur
d'un acte d'emprunt, lorsqu'il ne réside pas
dans la circonscription du bureau dont dépen-
dent les immeubles hypothéqués, fait élection
de domicile chez un de ses confrères à l'insu
de celui-ci. Si, plus tard, une signification
quelconque est faite au domicile élu, le notaire
qui l'a reçue et qui l'a renvoyée à l'adresse
indiquée n'est pas tenu de faire plus et on ne
peut le considérer comme ayant accepté un
mandat qui le rend responsable. — *Paris, 6
mai 1872, J. N. 20484.*

Emploi des fonds. — Lorsque l'emprunt est
effectué pour un objet déterminé le devoir du
notaire est de veiller à l'emploi avec la plus
scrupuleuse attention, cela est indiscutable ; il
ne doit pas permettre que les fonds reçoivent
une destination autre que celle qui leur a été
assignée au moment du prêt : s'il faisait autrement il engagerait entièrement sa responsabilité. Il ne cesse pas d'être responsable alors
même qu'il a chargé un confrère d'effectuer
l'emploi. Ainsi un notaire a reçu un acte

d'emprunt : les fonds devant servir à un rem-
boursement, il les remet au notaire en l'étude
duquel le paiement doit être fait ; celui-ci ayant
dissipé la somme versée, le notaire rédacteur
est tenu de rembourser aux débiteurs la somme qu'ils ont dû payer une seconde fois. —
Dijon, 18 juillet 1873. D. P. 75, 2, 22.

De même le notaire qui, après avoir accepté
le mandat de procurer un emprunt dans l'étude
d'un autre notaire, n'a pas exigé le versement
régulier des sommes empruntées peut être
déclaré responsable de la perte subie par l'emprunteur à raison de l'insolvabilité de ce dernier
notaire qui a détourné une partie des fonds ;
mais une partie de la perte doit rester à la
charge de l'emprunteur s'il est expérimenté en
affaires et si sa négligence n'a pas été moindre
que celle du notaire son mandataire. — *Grenoble, 24 mars 1874. D. P. 75, 2, 198.*

Ces deux derniers arrêts nous imposent une
obligation bien délicate et qui parait contraire
à un de nos devoirs professionnels. Il ne nous
est pas permis de soupçonner un confrère et,
tant qu'aucun indice ne nous a permis de
douter de sa probité, nous devons la tenir pour
intacte ; si donc nous lui confions des fonds
nous devons compter sur lui comme sur nous-

mêmes. Vouloir que nous agissions autrement ce serait susciter et entretenir parmi nous une défiance réciproque dont le résultat ne serait pas de nous faire respecter et honorer. Je suis d'avis que, dans des cas pareils, nous ne sommes pas responsables lorsqu'il est démontré que la réputation de probité dont jouissait le notaire prévaricateur était intacte au moment où les fonds lui ont été livrés.

Erreur. — L'inexécution ou l'exécution incomplète du mandat dont le notaire était chargé est généralement la cause de la responsabilité dans les divers cas que j'ai énumérés. Les autres causes, comme dans la négociation et la rédaction, sont encore l'erreur et la faute. Supposons l'omission, dans le bordereau, de l'une des mentions prescrites à peine de nullité : le notaire ne devra-t-il pas en répondre ? S'il commet une erreur ne sera-t-il pas tenu d'en supporter les conséquences ? Oui assurément.

C'est ainsi que l'entend la jurisprudence. La cour de cassation a décidé que le notaire chargé de prendre une inscription hypothécaire et qui la fait opérer dans un bureau d'hypothèque autre que celui dans la circonscription duquel l'immeuble est situé, est responsable de tout le préjudice que la nullité de l'inscription a causé au créancier. —*Cass. 25 novembre 1872. D. P. 73. 1, 134. — J. N. 20533.*

Cet arrêt contient, en outre, une décision qu'il importe de noter. Aucune responsabilité, dit-il, n'est encourue par le conservateur qui inscrit une hypothèque sur la présentation d'un bordereau alors que l'immeuble hypothéqué est situé en dehors de sa circonscription.

Mais si l'erreur est inévitable, si, par exemple, une inscription est déclarée nulle parce que l'époque de l'exigibilité de la créance n'est pas indiquée, le notaire n'est pas responsable lorsqu'il n'a fait que reproduire exactement les clauses de l'acte constitutif d'hypothèque qui ont été arrêtées sans son intervention et desquelles il résultait que l'exigibilité serait fixée ultérieurement; dans ce cas le notaire est excusable de ne pas avoir fait fixer un terme vu les incertitudes de la doctrine et les appréciations diverses de la jurisprudence sur la question de savoir si une inscription ainsi formulée est valable ou nulle. — *Cass. 26 mars 1872. D. P. 72, 1, 425. — J. N. 20507.*

Dans presque tous les cas que je vous ai présentés, qu'ils aient rapport à la négociation, à la rédaction ou aux formalités, nous avons

vu que les tribunaux ont toujours recherché
avec soin quel a été le rôle du notaire pour
en déduire la responsabilité qui pèse sur lui.
Cet examen devient inutile lorsque des circonstances postérieures au prêt, des agissements
émanés du notaire lui-même, démontrent qu'il
reconnaît la faute qu'il a commise. Je ne m'é-
tendrai pas sur ce point n'ayant à traiter que
des causes directes de la responsabilité, je crois
pourtant qu'il n'est pas inopportun de le signaler à votre attention.

DE LA RESPONSABILITÉ

En matière de Placements par Billets

———

Le placement par billets est en dehors des attributions spéciales des notaires : ceux-ci pourtant ont quelquefois l'occasion de s'en occuper. Quelles en seront pour eux les conséquences ? Ici, comme dans bon nombre de placements hypothécaires, les circonstances contribueront beaucoup à déterminer la responsabilité du notaire. La qualité des personnes, leurs rapports avec le notaire ou entre elles, les causes qui auront fait adopter ce mode de placement, tout cela devra être examiné avec soin, en cas de perte, avant de décider qui devra la supporter. Ici, plus peut-être que dans le placement hypothécaire, les espèces peuvent varier à l'infini ; aussi je resterai dans la généralité et je me contenterai d'examiner brièvement quelques hypothèses qui se réalisent le plus souvent.

Un individu a des fonds à sa disposition : il charge un notaire de les faire valoir. Si le notaire agit seul, sans le concours du maître,

s'il a perçu un émolument, il sera responsable
du dommage ; si, au contraire, les placements
ne se sont faits qu'avec l'assentiment et en pré-
sence du prêteur, la responsabilité ne pourra
exister que lorsqu'il sera démontré que le
notaire ne s'étant pas contenté d'indiquer l'emprunteur a, de plus, conseillé le prêt comme
ne présentant aucun risque. Si, plus tard, une
perte s'ensuit il sera permis d'alléguer qu'il
y a eu imprudence ou négligence de la part
du notaire. Et encore ne pourra-t-on pas lui
adresser ce reproche si, à l'époque du prêt,
la solvabilité de l'emprunteur était solidement
établie au point que personne ne pût la sus-
pecter. — *Angers, 13 décembre 1867. J. N.
19132* (1).

Il arrive souvent, dans les campagnes surtout, que deux personnes après avoir arrêté
un prêt demandent au notaire d'écrire le billet
qui le constatera; ce qu'elles attendent de lui
c'est seulement une rédaction et rien de plus.

---

(1) Le notaire qui s'est chargé, pour le compte de ses
clients, de faire des placements de fonds par simples billets,
a contracté l'obligation de s'assurer de la moralité et de la
solvabilité des emprunteurs; à défaut, sa responsabilité est
engagée, en cas de perte des sommes prêtées. — *Amiens, 25
juin 1877. Cass. 13 mai 1878, J. N. 21788 et 21876.*

Il ne sera donc responsable que de l'erreur et
de la faute matérielle. Néanmoins si l'emprunteur se trouvait dans une situation précaire
au point de compromettre la certitude du rem-
boursement, le devoir du rédacteur serait d'a-
viser le prêteur, surtout si celui-ci n'était pas
en position de connaitre le risque qu'il pouvait
courir.

Le notaire doit également s'assurer de l'i-
dentité des personnes qui s'adressent à lui. La
cour de cassation a décidé,— *20 janvier 1852.
J. N. 14601,* — qu'un notaire qui avait écrit
un billet pour des personnes qu'il ne connais-
sait pas pouvait être passible de dommages
intérêts envers le banquier qui l'avait es-
compté croyant à la sincérité des signatures
sur le vu de l'écriture du notaire.

En un mot bien qu'il ne s'agisse pas d'un
acte public, le caractère du notaire ne saurait
disparaitre entièrement dans le placement par
billet. C'est toujours l'homme prudent, exer-
çant des fonctions publiques, auquel on a
recours et l'on attend de lui mieux que de
tout autre : s'il commet une faute il doit la
réparer.

DES CAUSES DE LA RESPONSABILITÉ

Je terminerai mon rapport par quelques considérations sur les causes de la responsabilité.

Les documents judiciaires que j'ai relatés la font dériver le plus souvent de la négligence et de la faute ; il n'est pas rare non plus de voir que le notaire a été considéré comme gérant d'affaires ou mandataire tacite, enfin on a reconnu en lui un mandataire pur et simple. Cette diversité d'appréciations m'a frappé et j'ai reconnu qu'elle provenait non-seulement de la différence des faits soumis aux tribunaux, mais encore de la difficulté d'apprécier le rôle du notaire d'une manière exacte au point de vue strictement juridique (1).

(1) Les arrêts de la cour d'Amiens du 25 juin 1877 et de la cour de cassation du 13 mai 1878, — *J. N, 21788 et 21876*, — cités en note au titre des placements par billets et relatifs à la même affaire, contiennent un exemple remarquable de cette difficulté d'appréciation. La Cour d'appel, après avoir relaté les faits, applique au notaire, dans ses motifs, la qualification de mandataire ; la cour de cassation décide que l'arrêt qui lui est déféré, en se basant sur les faits et circonstances de la cause desquels résulte l'existence d'une gestion d'affaires, a ainsi marqué son intention de considérer le notaire comme *negotiorum gestor*.

D'abord, peut-on dire en matière de placements que le notaire est un gérant d'affaires ?
« La gestion d'affaires, dit Mourlon, II 1663,
« est le fait volontaire d'une personne qui, sans
« avoir reçu mandat à cet effet, agit, stipule ou
« promet dans l'intérêt d'un tiers. » Cette
définition, parfaite de concision et d'exactitude,
ne fait-elle pas supposer, de même que l'article
1372 du Code civil, que la gestion ne résulte
que de l'action spontanée du gérant, que le
propriétaire est tout-à-fait étranger à l'acte qui
lui donne naissance ou que, si celui-ci n'ignore
pas les agissements du gérant, il ne les a pas
sollicités, il n'a même rien dit ni rien fait pour
amener leur production, en un mot il a, comme on dit vulgairement, laissé faire ? Le texte
même de l'article 1372 ne parait pas laisser
d'autre interprétation possible : « Lorsque
« volontairement on gère l'affaire d'autrui, soit
« que le propriétaire connaisse la gestion, soit
« qu'il l'ignore... » Cette alternative dont les
termes sont si différents, la connaissance ou
l'ignorance d'une chose, et qui pourtant con-
duit, dans les deux cas, aux mêmes conséquences, montre bien, à mon avis, la passivité
complète du propriétaire, même dans le cas où
il a connaissance de ce que l'on fait pour lui.

La situation du client est-elle la même ? Non.
Pour que le notaire agisse, gère, si l'on veut,
un fait primordial est indispensable, la remise
des fonds ; sans cela, pas de gestion possible.
Le client, ou mieux le propriétaire, pour em-
ployer l'expression de la loi, a donc agi le
premier en livrant ses fonds et le but dans lequel il s'en est dessaisi n'est pas difficile à comprendre : il a chargé le notaire d'en faire emploi
selon ses attributions et de leur faire rendre
un intérêt. « Prenez mon argent, a-t-il dit,
placez-le, faites de votre mieux. » Le notaire
agit en conséquence : est-il alors gérant d'affaires? Le dictionnaire peut bien dire oui, mais la
langue juridique dit non. Et pourtant des décisions nombreuses considèrent le notaire comme
negotiorum gestor lorsqu'il a négocié et arrêté
seul les conditions d'un prêt, alors cependant
qu'il avait été chargé d'effectuer le placement
hypothécaire.

J'ai supposé le notaire détenteur des fonds
destinés au placement. La jurisprudence qui
fait de lui, dans cette condition, un gérant
d'affaires néglige le fait primitif, la remise des
fonds, en fait abstraction complète et décide
que l'emploi de la somme donne naissance par
lui seul, indépendamment de tout fait antérieur,

au quasi-contrat de gestion d'affaires. S'il en
est ainsi qu'était alors le notaire pendant l'in-
tervalle qui s'est écoulé entre la remise et le
placement ? Dépositaire, dira-t-on avec raison.
Mais si sa qualité de dépositaire lui a permis
de se dessaisir des fonds et d'en faire l'emploi
indiqué au moment du dépôt, j'y vois la preuve
que le placement se rattache directement au
dépôt lui-même, qu'il y a entre ces deux faits
corrélation évidente, que l'un est la conséquence de l'autre et que sans le premier, qui
dépend de la volonté du maitre de la chose, le
second n'aurait pas pu se produire ; cette corrélation est si intime qu'il devient impossible,
dans l'analyse du placement, de ne pas tenir
compte de la livraison des deniers. Et s'il est
vrai de dire que la gestion d'affaires naît d'une
action spontanée de la part du gérant, soit que
le propriétaire ait connaissance de la gestion
et ne s'y oppose pas, soit qu'il l'ignore, pourra-
t-on admettre que le notaire agit sponta-
nément alors que son action, sa volonté ont
reçu du propriétaire lui-même l'impulsion
qui les a mises en mouvement, alors que la
remise d'une somme a été la seule cause
qui ait pu faire agir le notaire? Il n'y a donc
pas lieu de reconnaitre dans le notaire qui

négocie un placement un gérant d'affaires tel
que l'entend et le définit l'article 1372 du
Code civil.

Je ne sais si mon argumentation aura porté
la conviction dans vos esprits. J'invoquerai
donc en ma faveur, aussi brièvement que possible, quelques documents que je crois indis-
cutables.

La théorie des quasi-contrats nous vient
tout entière du droit romain. C'est donc à lui
qu'il faut remonter, comme en bien d'autres
cas d'ailleurs, pour déterminer le véritable
caractère de la gestion d'affaires, pour savoir
quand et comment elle se produit. Je vois en
résumé dans les *Institutes*, L. III, tit. XXVII,
§ 1, que la gestion d'affaires est l'acte d'une
personne qui prend l'administration du patri-
moine d'un absent, avec l'obligation de faire
tout ce que l'on doit attendre d'un bon père
de famille. Nous sommes là bien loin du
notaire qui place les fonds qu'un client lui a
remis à cet effet.

Lisez l'*Analyse raisonnée de la discussion
du Code civil au Conseil d'État*, par Jacques
de Malleville, vous n'y trouverez rien qui soit
applicable au notaire qui a négocié un prêt.
L'auteur renvoie au droit romain et ne prévoit

pas autre chose que le cas de celui qui agit pour un absent.

La doctrine enfin enseigne qu'il est essentiel que la gestion ait lieu sans ordre de celui pour lequel l'affaire est faite ; s'il y avait eu un ordre quelconque il serait intervenu un contrat et non une gestion d'affaires. — POTHIER, *Obligations*, 114 et 192. *Mandat*, 167 ; — ROLLAND DE VILLARGUES, *Gestion d'affaires*, 10; — TROPLONG, *Mandat*, 71; — LAROMBIÈRE, n° 3 ; — AUBRY et RAU, 3ᵉ édit. t. III, p. 527. — Je trouve dans Toullier, t. XI, 23, la véritable cause des obligations qui dérivent de la gestion d'affaires : « elle est, dit-il, dans ce « grand principe d'équité ou de justice natu- « relle que *personne ne doit s'enrichir au* « *détriment d'un autre sans sa volonté.* » Encore une fois est-ce là le cas du notaire qui a procuré un emprunteur à son client ?

Prenons maintenant le cas où le notaire va au devant du détenteur des fonds et sollicite de lui un placement. Là encore fait-il acte de gérant d'affaires ? Au premier abord, on serait tenté de le penser en voyant que dès le début l'action émane du notaire et que l'ordre du prêteur, cet ordre contraire à l'existence de la gestion d'affaires, fait ici complètement défaut.

Un examen plus approfondi dissipe cette illu-
sion et l'on reconnaît une grande différence
entre la situation de celui dont l'affaire est gérée
et celle du prêteur : le premier ne donne à la
gestion qu'un consentement tacite, tandis que
le consentement du second est exprès. Si celui-ci se décide ce ne sera le plus souvent
qu'après s'être informé de la garantie qui lui
est offerte et, s'il néglige cette précaution,
c'est que le notaire aura sa confiance entière.
Dans l'un et l'autre cas ne faut-il pas voir un
consentement formel dans la remise des fonds
qu'il effectue entre les mains du notaire et
le plus souvent entre celles de l'emprunteur ?
Peut-on reconnaître dans ces agissements divers le caractère de ce contrat de ˙bienfai-
sance qu'on appelle gestion d'affaires ?

Je crois enfin qu'il est difficile d'admettre
l'existence d'un quasi-contrat dont on ne trou-
verait jamais qu'une seule modalité alors que
la loi en prévoit deux : la connaissance ou l'i-
gnorance de la gestion. Le prêteur peut bien
ne pas connaître son débiteur, le placement
même peut avoir été fait à son insu, il n'igno-
rera jamais qu'il a donné de l'argent pour le
placer. J'avoue que cette uniformité constante
avec laquelle se présente cette soi-disant ges-

tion d'affaires suffirait à elle seule pour me mettre en doute.

Pour moi donc le notaire qui fait un placement n'est jamais le gérant d'affaires du prêteur.

Sera-t-il son mandataire? Je serais bien tenté de l'admettre d'une façon générale : je ne le peux que dans une mesure très restreinte.

Le mandat n'est admissible que pour les formalités extrinsèques.

Si, comme on le prétend, il prenait naissance avant l'acte, finirait-il lorsque la rédaction commence? Cela parait inadmissible puisque c'est à ce moment-là qu'il est pleinement exécuté. Mais alors que pensez-vous de la validité d'un acte dans lequel le notaire qui le reçoit agit comme mandataire? Cette conséquence est inévitable : si le notaire est mandataire quand il s'agit de sa responsabilité, il ne peut pas cesser de l'être quand il donne l'authenticité à la convention qui est son œuvre.

Ce que je dis ici du mandat je l'appliquerai également à la gestion d'affaires. Croyez-vous qu'un notaire pourrait recevoir un acte dans lequel il stipulerait pour un tiers en qualité de gérant?

J'ai rejeté la gestion d'affaires et le mandat.

Que reste-t-il donc comme cause de la responsabilité ? Uniquement notre qualité de notaire
et le principe consacré par les articles 1382 et
1383 du Code civil. Le notaire qui négocie un
prêt fait tout simplement un acte de son ministère. Il nous est permis, et nul ne l'a con-
testé, de nous entremettre pour parvenir à la
conclusion des affaires ; tel veut vendre, tel
désire acheter, des difficultés existent entre
cohéritiers : par nos soins la vente est faite,
l'achat est réalisé, le partage est opéré amia-
blement. Nos démarches et nos conseils qui
ont préparé la conclusion de l'affaire et pré-
cédé l'acte, n'émanaient-ils pas de nous agissant comme notaires ? Certes ce qui précède
l'acte n'est pas exclusivement de notre com-
pétence et tout autre peut en faire autant :
celui qui se sera occupé accidentellement de
l'affaire d'autrui est un mandataire ou un
intermédiaire officieux, ceux qui le font par
habitude et en vue du gain sont des agents
d'affaires. Nous sommes notaires. Que l'on
nous traite comme tels sans aller chercher ces
qualifications trop subtiles de mandataires ou
de gérants. Si, dans l'exercice de notre profes-
sion nous avons été la cause d'un dommage
sans contrevenir pourtant aux lois spéciales

du notariat, que l'on nous applique la mesure
générale des articles 1382 et 1383 : elle est
assez large pour nous atteindre dans tous les
cas. Le préjudice qui nous est imputable ne
peut provenir que d'une imprudence, d'une
négligence, d'une faute, d'une erreur, en un
mot d'un fait quelconque dont nous avons été
l'auteur en agissant comme notaire ; c'est
donc là l'unique la vraie cause de la responsabilité qui peut peser sur nous. Il est super-
flu de la rechercher ailleurs.

www.ingramcontent.com/pod-product-compliance
Lightning Source LLC
Chambersburg PA
CBHW071329200326
41520CB00013B/2915